人生の大則

藤尾秀昭
金澤翔子＝書

致知出版社

人生の大則＊目次

装　幀――川上成夫
編集協力――柏木孝之

第1章

絶対不変の真理

先日、ある会社で話をさせていただく機会があった。最初に、「この世に絶対不変の真理はあるだろうか」という質問をした。「ある」と答えた人、「ない」という人、さまざまだった。

目まぐるしい変化の時代である。永久に変わらないものなどない、と思いがちである。

だが、絶対不変の真理は厳然《げんぜん》としてある。

その第一は、「人は必ず死ぬ」ということである。

この世に生まれて滅《めっ》しない者はいない。いまここにいる人で、五十年後に生きている人はいるだろうが、百年後も生きている人はいない。

第二は、「自分の人生は自分しか生きられない」ということである。幼子《おさなご》が病気で苦しんでいる。親は自分が代わってやりたいと思う。だが、代わることはできない。その人の人生はその人以外には生きることができないのだ。

第三は、「人生は一回限りである」ということ。人生にリハーサルはない。また、再演することもできない。

そして最後、第四は、「この悠久《ゆうきゅう》の宇宙において自分という存在はたった一人しかいない」ということである。過去にも未来にも自分と同じ人間は生まれていないし、これからも生まれてこない。自分は広大無辺《こうだいむへん》の時空《じくう》の中で、たった一つの、たった一回しかない命を生きている存在なのである。

これは地球上に人類が誕生して以来の不変の真理である。この事実を真に受け止める時、深い感動が湧《わ》き上がってくる。私たちは図《はか》らずして、奇跡のような命を、いま生きているのだ。

このかけがえのない命をどう生きるか。そこに人生の道標《みちしるべ》が要《い》る。古来《こらい》、幾多《いくた》の聖賢《せいけん》がその道標を私たちに示してくれている。

一念の旅

安岡正篤《まさひろ》師も人間の生きるべき道を生涯追求した人である。その安岡師がある人の依頼で作った家訓《かくん》がある。豊かな人生を生きる道標を示して、味わい深い。

傳家寶《でんかほう》

一、我が幸福は祖先の遺恵《いけい》、子孫の禍福《かふく》は我が平生《へいぜい》の所行《しょぎょう》にあること、已《すで》に現代の諸学《しょがく》にも明らかなり。

二、平生、己《おのれ》を省《かえり》み、過《あやま》ちを改め、事理《じり》を正し、恩義を厚くすべし。百薬《ひゃくやく》も一心の安きに如《し》かず。

三、良からぬ習慣に狎《なれ》るべからず。人生は習慣の織物と心得べし。

四、成功は常に苦心の日に在《あ》り。敗事《はいじ》は多く得意の時に因《よ》ることを覚《さと》るべし。

五、事の前に在りては怠惰《たいだ》、事に当っては疎忽《そこつ》、事の後に於《お》いては安逸《あんいつ》、是《こ》れ百事成らざる所以《ゆえん》なり。天才も要するに勤勉のみ。

六、用意周到《しゅうとう》なれば機に臨《のぞ》んで惑《まど》うことなし。信心積善《しんじんせきぜん》すれば変《へん》に遭うて恐るることなし。

七、不振の精神・頽廃《たいはい》せる生活の上には、何ものをも建設する能《あた》わず。永久の計は一念《いちねん》の微《び》にあり。

（『安岡正篤一日一言』より）

第2章

大人の幸福論

我われは遠くから来た。そして遠くまで行くのだ――。若年期《じゃくねん》に出合ったこの言葉をいまも時折《ときおり》思い出し、口ずさむことがある。誰の言葉かは知らない。ゴーギャンの絵に「我われはどこから来たのか。我われは何者か。我われはどこへ行くのか」と題された作品があるが、これに由来《ゆらい》してつくられた言葉なのかもしれない。

人類の始まりは百三十七億年前のビッグバンにさかのぼる。素粒子《そりゅうし》や中性子《ちゅうせいし》が飛び交《か》い、天も地もない雲霧朦《うんむもう》朧《ろう》たる時期が何十億年も続く。やがて大気が冷え、物質のもととなる原子が生まれ、四十六億年前に地球が誕生した。その地球だけに、なぜかは分からないが水が生成し、その中に単細胞生命が生まれる。三十八億年前のことである。

単細胞生命は十数億年を経て雌雄《しゆう》に分かれる。雌《めす》から雄《おす》が分かれ出たのだ。生命の革命である。

ここから地球上の生命は曼陀羅《まんだら》のように多種多様な軌跡《きせき》を描いて発展していく。人間もまた、その果てしない創造進化の中から誕生した。実に私たちは遠くから来たのだ。

太古《たいこ》から今日まで、生命は一貫して二つの原理によって存在している、といわれる。一つは代謝《たいしゃ》であり、もう一つはコミュニケーションである。代謝によってエネルギーをつくる。コミュニケーションによって新しい生命を生み出す。この二つの原理によらなければ、あらゆる生命は存在し得ない。

この生命を生命たらしめている二つの原理は、人間の幸福の原理と対《つい》をなすように思われる。

即《すなわ》ち、あらゆる面で代謝（出と入）をよくすること。そして物を含めた他者とのコミュニケーションをよくすること。そこに人間の幸福感は生まれるのだ。聖賢《せいけん》の教えは、極論《きょくろん》すれば、この二つを円滑《えんかつ》にするための心得を説いたもの、とも言える。

脳の専門医、林成之《なりゆき》氏は、どんな人の脳も三つの本能を持っている、という。
一は「生きたい」
二は「知りたい」
三は「仲間になりたい」
という本能である。

この脳の本能から導き出せる「脳が求める生き方」は一つである。

「世の中に貢献しつつ安定して生きたい」

ということである。脳の本能を満たして具現《ぐげん》するこの生き方は、そのまま人が幸福に生きる道と重なり合う。

そこに大いなる宇宙意志をみる思いがする。

遠くから来た私たちは、宇宙意志のもとに、幸福を求めて遠くまで歩み続けているのかもしれない。

最後に、四十年ハガキ道を伝道してきた坂田道信《みちのぶ》さんの言葉を紹介する。

「どんな人と一緒になっても、どんなことに出くわしてもつぶされない人格をつくり、幸せに楽しくいられるような人になりたい」

大人の幸福論を説いて、これ以上の言葉はない。

第3章

いまをどう生きるのか

「心ここに在《あ》らざれば、視《み》れども見えず、聴けども聞こえず、食《くら》えどもその味を知らず」

心がここになかったら、視ていても見えない、聴いていても聞こえない、食べてもその味が分からない、という。古典の名著『大学《だいがく》』にある言葉である。

次に弘法大師空海《こうぼうだいしくうかい》の言葉。

「医王《いおう》の目には途《みち》に触れて皆薬なり。解宝《げほう》の人は鉱石《こうしゃく》を宝と見る」

名医は道に生えている草の中からも薬を見出し、宝を解《かい》する達人は普通の石の中にも宝を見つける、というのである。

結局、人生はこの二つの言葉が指し示すところに尽きるのではないだろうか。

真理は月の光のように満ちあふれている、と言ったのは誰だったか。見る目を持った人が見れば、人を幸福に導く真理は至るところにあふれているのに、それに気づき、つかもうとする人がいないことを示唆《しさ》した言葉である。

では、どうしたら満ちあふれる真理に気づき、医王の目を養い、解宝の人になることができるのか。古来《こらい》多くの名人、達人の生き方にそのヒントを探れるように思う。

その第一は「真剣に生きる」ことである。まったくの徒手空拳《としゅくうけん》から身を起こし成功を勝ち得た人は一様に、真剣に努力した人である。そういう人のみが天地不書《てんちふしょ》の秘伝、法則をつかむのだ。

第二は「恩を忘れず、恩を返す」。受けた恩を忘れないで必ず返そうとする姿勢に、宇宙の霊妙《れいみょう》な働きは呼応《こおう》するのである。

第三は「いまここに生きる」こと。人生は「いまここ」しかない。その「いまここ」に集中する。心の焦点《しょうてん》が定まっていない人に、真の気づきは得られない。

第四は「学ぶ」ことである。

松原泰道《たいどう》老師がよく口にされる『法句経《ほっくきょう》』の言葉がある。

「頭白《こうべ》しとて
このことによりてのみ

彼は長老《おさ》たらず
彼の齢《よわい》
よし熟したりとも
これ空《むな》しく
老いたる人とのみ
よばれん」

高齢者になったから尊いのではない。高齢者になってもなお道を求めてやまないところに年を取る意味はあるのだ、と師は言われる。

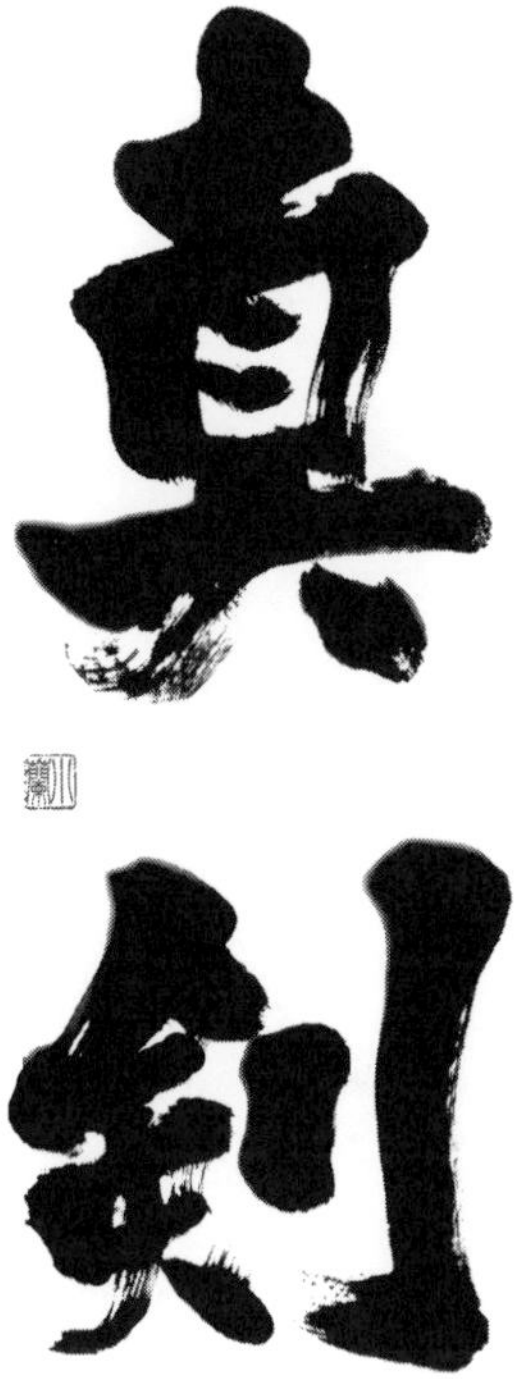
真剣

『法句経』はこうも言う。

「されど心ある人の法《のり》は
老《お》ゆることなし」

身は老いても法を学んでいる限り、心が老いることはない、というのである。泰道師はまさに、この言葉通りの人生を歩まれている。

今年のお正月にお会いした時、百一歳を刻む泰道師は言われた。

「私はいま人の助けを借りなければ、一人で寝起きもできません。いまの私は読むこと、書くこと、話すことしかできませんが、生きている人の心に明かりを灯《とも》す法を説きたい。そのために生きている間は勉強を続けたい。学び続けたい」

前漢《ぜんかん》末の思想家揚雄《ようゆう》はこう言った。

「年弥々《としいよいよ》高くして徳《とく》弥々卲《たか》し」

年を取れば肉体は衰えてくるが、心に修養を積んでいよいよ徳を高くしていこう、という教えである。

そういう「いま」を生きたいものである。

第4章

人生の秘訣

宮本武蔵の『五輪書《ごりんのしょ》』は剣の道の極意《ごくい》を説いたものだという。米を作る人には米作りの極意がある。棋士《きし》には将棋に勝つための極意があるのだろう。同様に人生にも極意とは言わずとも、人生をより良く、より豊かに生きる秘訣《ひけつ》というものがあるのではないか。

ホイッティアという詩人にこんな詩がある、と聞いたことがある。

〈学窓《がくそう》を終えた二人の少女が前途《ぜんと》の希望を語り合って、一人は女王になりたいと言い、一人は広い世界を見たいと言った。

数年を経て再会したとき、その一人は貧しい人の妻になったが、愛する夫は王様、楽しき家族は民《たみ》、愛のつとめが私の掟《おきて》で、一家の女王になることができたと言った。もう一人は母の病気のために愛と義務から病室にいるばかりで、そこから広い世界を見ることはなかったが、ここに私の本当の世界があると言って、二人で手を取り合って感動した〉

これもまた一つの人生の秘訣である。

第5章

成功者の共通点

『致知《ちち》』の二十年を通して、各界の成功者に取材させていただいた。ここで言う成功者とは、地位や財産のある人のことではない。どのような分野であれ「自分で自分の道を切り開いた人」の意《い》である。そして、つくづく感じたことがある。成功者は共通して、感謝の念が強い人であることだ。

何かをしてもらって感謝するのは普通のことである。だが、成功者は自分にとってマイナスのことにも感謝するのだ。この感謝の念こそ、大きな障害や困難に直面しながらも、その局面を打開する力になったものである、と思わないわけにはいかない。

感謝

孔子は「人生でもっとも大切なものは」と問われて、「恕《じょ》」（思いやり）と答えた。そのひそみにならえば、人生の成功者となるためにいちばん大切なものは、「感謝する」ことである、と答えたい。

どのような状況でも、感謝してありのままに受け入れるとき、マイナスの条件すらプラスに転ずる。

感謝ほど偉大な力はない。

第6章

絶対に成功しない条件

以前、ある経営者に、人生で一番大切なものは何かと尋《たず》ねたことがある。その人は「それは自分にもわからないが、こういう人は絶対に成功しないという条件はある」と答えられ、次の四項目を挙げられた。

一つは言われたことしかしない人、

二つは楽をして仕事をしようとする——そういうことが可能だと思っている人、

三つは続かないという性格を直さない人、

そして四つはすぐに不貞腐《ふてくさ》れる人である。

省《かえり》みて、深くうなずけるものがある。

多くの人生の達人が教える人間学のエキスは、いつ、いかなる状態においても、常に精神を爽《さわ》やかに奮《ふる》い立たせることの大切さである。

精神爽奮《せいしんそうふん》。いつも颯爽《さっそう》としている。いつも颯爽とした気分でいること。そこに幸運の女神もほほえんでくるということだろう。

新しい年を迎え、時代はいよいよ厳しいが、いや厳しいからこそ、精神爽奮で臨《のぞ》んでいきたいものである。

第7章

創業の精神

一つの事業を起こす。創業という。
一つの道を切り開く。創始という。
「創」には「傷をつける」という意味がある。辛苦《しんく》、辛《しん》酸《さん》なくして創業は成し得ないということである。

創業の精神とは何か。取材を通して出会った人たちの姿から三つの要素が浮かんでくる。

その第一は「必死」の精神である。死に物狂いである。寝ても覚めても考えるのは仕事。仕事と心中するくらいの愛情と努力を仕事に注《そそ》ぐ。必死に努力することを厭《いと》わない。楽しむ。いや、楽しむ気持ちを超えている。没我《ぼつが》である。仕事と一体になっている。そういう日々の繰り返しの中で何かを会得《えとく》し、創業者魂を鍛えていく。

京セラを創業したばかりの頃、稲盛和夫氏は若い社員たちと、京都一、いや日本一の会社にしようという目標を立て、会社に泊まり込みで仕事をした。全員が燃えていた。だが、一か月もすると社員が、

「稲盛さん、こんなことを続けていたら体がへばってしまう。そろそろペースダウンしましょう」

と言ってきた。当時、稲盛氏は二十七、八歳。氏は同調しそうになる自分を励まして言った。

「みんな、エネルギー転位《てんい》の法則を知っているか。エネ

ルギーは一定のところでは安定している。だが、一つ上の段階にいくには、ものすごいエネルギーが要るんだ。ボロ会社が立派な会社になるには並みのエネルギーではだめなんだ。ペースダウンしたらボロ会社のままだ。な、だから頑張ろう」

稲盛氏は社員を鼓舞《こぶ》し、先頭に立って走り続けた。以来四十五年、その姿勢は習い性《せい》となり、京セラのDNAとなって定着した。

第二の要素は、危機感、緊張感を失わないことである。危機感、緊張感をなくした時、あらゆる生命は弛緩《しかん》し、油断を生じ、衰退《すいたい》に向かう。企業もまた同じである。すぐれたリーダーはどんな好調時にも危機感、緊張感を失わない人である。

「すべての仕事において、創業期の精神が失《う》せてしまうことがもっとも危険である。創業の精神とは緊張の精神である」——花王の基礎を築いた二代目社長、長瀬富郎《ながせとみろう》氏の名言である。花王の二十三期連続増益の実績は、この言葉が体質になって生まれたのだろう。

第三の要素は、先祖への感謝である。自分を生み出したもの、縁《えん》を紡《つむ》ぎしものへの感謝を忘れない。この心を失った時、天は大きなしっぺ返しを下すことを、真のリーダーは本能的に知っている。

晩年の松下幸之助氏は、「感謝と畏《おそ》れを忘れるな」とよく言ったという。

人生には人知をはるかに超えた働きがある。その目に見えないものに対する畏敬《いけい》の念を失った時、何が起こるか。その恐ろしさを熟知した人ならではの、人生の急所を衝《つ》いた言葉である。

第8章

上に立つ者の条件

組織の長だけではない。人の子の親も「上に立つ者」である。人が人の間で生きる限り、そこには必ず長幼《ちょうよう》の序《じょ》が生まれる。上に立つ者の人間学が重大な所以《ゆえん》である。

では、上に立つ者に求められる条件とは何か。数多い取材の経験を通して、次のようなことが言えるのではないか、と考える。

中国の古典『列子《れっし》』にこういう話がある。

楚《そ》の荘王が賢人の詹何《せんが》に国を治める方法を尋ねた。

「私は身を治めることは知っていますが、国を治めることはよく存じません」と詹何は答えた。

「私は君主となったので、国を守る方法を学びたい」と荘王は言う。

詹何が言う。

「私は君主が身治まって国乱れたのを聞いたことがありません。また君主が身乱れて国治まったのも聞いたことがありません。本《もと》は身にあります。ですから、お答え申し上げるのに、末梢《まっしょう》を以《もっ》てすることはいたしません」

「よし、わかった」と荘王は言ったという。


修身こそ上に立つ者の根本条件、とは古来教えるところである。これこそ現代にも不変の第一条件であろう。

第二条件は実力である。実力とは実行力のことだ、と故豊田良平《とよだりょうへい》氏（元関西師友《しゆう》協会副会長）は喝破《かっぱ》されたが、実（行）力のない人を上に得た組織ほど不幸なものはない。

第三条件は感化力である。人を巻き込んでいく力、人の意識をかき立てていく力である。よき感化を与えないと、組織は病《や》む。

さらに言えば、上に立つ者に私心ある限り真の感化力は生まれない。長の私心は組織に紊乱《びんらん》をもたらす。無私と感化力は一対である。

第四条件は勇猛心《ゆうもうしん》である。自己と組織の向上のために、いかなる困難にも臆《おく》せず、奮い立っていく心、小成《しょうせい》に安んじず、未知の世界に立ち向かって努力精進《しょうじん》する心である。

第五条件はロマンである。方向を示す力といってもいい。

そして、何より大事なのは「人を思いやる心」であろう。

「大きなことをするのではなく、人に思いやりを持つ人は神仏が大きな目で見ている」——一燈園《いっとうえん》創始者、西田天香《てんこう》氏の言葉である。

一国《いっこく》は一人《いちにん》を以《もっ》て興《おこ》り、一人を以て亡《ほろ》ぶ、という。小は家庭から大は国家まで、人間が集《つど》うあらゆる組織の盛衰《せいすい》は、上に立つ者のいかんで決まる。上に立つ者の責任は大である。

最後に、明代《みんだい》の哲人、呂新吾《りょしんご》の言葉を紹介したい。

「寛厚深沈《かんこうしんちん》、遠識兼照《えんしきけんしょう》、福《ふく》を無形《むけい》に造《ぞう》し、禍《か》を未然に消し、智名勇功《ちめいゆうこう》なくして、天下陰にその賜《たまもの》を受く」

どっしりと落ち着いていて、広い見識があり、人の知らない間に福を造り、禍は未然に消す。そして誇らない

――そういう人物こそ「上に立つ者」の至れる姿だというのである。

第9章

切に生きる

ある時、弟子が師の道元《どうげん》に聞いた。

「人間は皆仏性《ぶっしょう》を持って生まれていると教えられたが、仏性を持っているはずの人間になぜ成功する人としない人がいるのですか」

「教えてもよいが、一度自分でよく考えなさい」

道元の答えに弟子は一晩考えたが、よく分からない。翌朝、弟子は師を訪ね、ふたたび聞いた。

「昨晩考えましたが、やはり分かりません。教えてくださ い」

「それなら教えてやろう。成功する人は努力する。成功しない人は努力しない。その差だ」

弟子は、ああ、そうか、と大喜びした。だがその晩、疑問が湧《わ》いた。仏性を持っている人間に、どうして努力する人、しない人が出てくるのだろうか。翌日、弟子はまた師の前に出て聞いた。

「昨日は分かったつもりになって帰りましたが、仏性を有する人間に、どうして努力する人、しない人がいるのでしょうか」

「努力する人間には志がある。しない人間には志がない。

その差だ」

道元の答えに弟子は大いに肯《うなず》き、欣喜雀躍家路《きんきじゃくやくいえじ》につく。しかしその晩、またまた疑問が湧いた。仏性のある人間にどうして志がある人とない人が生じるのか。弟子は四度師の前に出て、そのことを問うた。道元は言う。

「志のある人は、人間は必ず死ぬということを知っている。志のない人は、人間が必ず死ぬということを本当の意味で知らない。その差だ」

道元の逸話である。この逸話を彷彿《ほうふつ》とさせる道元の言葉が、『正法眼蔵随聞記《しょうぼうげんぞうずいもんき》』にある。

「道《どう》を得ることは、根《こん》の利鈍《りどん》にはよらず、人々《にんにん》皆、法を悟《さと》るべきなり。精進《しょうじん》と懈怠《けだい》とによりて、得道の遅速《ちそく》あり。進怠の不同は、志の至ると至らざるとなり。志の至らざることは、無常を思わざる故《ゆえ》なり。念々に死去す。畢《ひっ》竟《きょう》じて且《しばら》くも留まらず。暫《しばら》く存ぜる間、時光を空《むな》しくすごすことなかれ」

（道を得るかどうかは生まれつきの利発さや愚かさによるものではない。修行する人は皆必ず悟りに達することができる。

ただ一所懸命になって精進する人と、怠けてやる人との間には当然早い遅いの差が生じる。精進するか怠けるかは志が切実かどうかの違いによる。志が切実でないのは、無常を思わないからだ。人は刻々と死につつある。こうして生きている時間を大切にして、自分を磨いていかなければならない）

切に生きるとは、ひたすらに生きるということである。いまここの一瞬一瞬をひたむきに生きるということである。小我《しょうが》を忘れ、何かに懸命に打ち込むことである。その時、生は本然《ほんぜん》の輝きを放つ。

是処即是道場

是《こ》の処《ところ》は即《すなわ》ち是れ道場——苦しい死の床《とこ》にあるこの場所も自分を高めていく道場。道元はこの言葉を唱えながら亡くなったという。

「はかない人生を送ってはならない。切に生きよ」——道元が死の床で私たちに残した最期のメッセージをかみしめたいものである。

第10章

人生の大則

このほど『二宮尊徳一日一言』『修身教授録一日一言』が上梓《じょうし》された。一日一言シリーズはこれで六巻になる。六人の先哲の語録編纂《へんさん》を終えて、しみじみと湧《わ》き上がってくる感興《かんきょう》がある。六人の人生の達人の言葉は、煎《せん》じ詰めれば一に帰《き》するという思いである。その一とは何か。それは、

花は香り
人は人柄

ということである。見た目にいくら華やかで艶《あで》やかでも、造花《ぞうか》には真に人を引きつける魅力はない。人もまた

いくら実力があっても、傲慢《ごうまん》で鼻持ちならない人に人間的魅力はない。

まず自分を創ること。自分という人間を立派に仕上げること。そして、徳の香る人になること――六人の先哲がその生涯を通して語っていることは、その一点に凝縮される。これこそ人生で一番大事な法則、これを遵守《じゅんしゅ》すれば人生は大丈夫という原則、すなわち人生の大則であろう。

では、どうすれば自分を創ることができるのか。六人の先哲の言っていることは、概《おおむ》ね次の三つに集約されると思う。

一つは、人生に対して覚悟を決めること。覚悟を決めない限り、真の人生は始まらない。先哲は繰り返しこのことを説いている。

沖縄の漁師が言ったという。

「遠洋の漁場に出ようと決めると、風が起き、帆《ほ》がざわめき、波が立ってくる。だが、まだ覚悟が決まらない船には風が起きんのよ」

人生もまた然《しか》りである。

二つは、傲慢《ごうまん》になるな、謙敬（謙虚で、敬い、慎《つつし》むこと）であれ、と教える。

不遇の時には謙虚だった人が、うまくいきだすと傲慢になる。人間の通弊《つうへい》である。だが、傲慢になった時、天はその人の足をすくう。その事例は数限りない。

三つは、誠実であれ、ということ。誠実は古来《こらい》聖賢がもっとも大事にした人間最高の徳目である。

あえてもう一つ付け加えれば、「久《きゅう》」であろう。久しく続けることで、人生の大則《たいそく》は揺るぎないものになる。

最後に、二宮尊徳の道歌を紹介したい。

父母《ちちはは》もその父母《ちちはは》もわが身なり
われを愛せよ我を敬せよ

あなたの命はあなた一人のものではない。父母《ちちはは》、その父母《ちちはは》と幾世代にもわたり、連綿《れんめん》と続いてきた命。その命の炎が一度も途切れることなく続いてきたからこそ、あなたの命がある。あなたの身体の中には幾百万、幾千万という先祖の連綿たる命の炎が燃えている。

人生の大則

そういう尊い命の結晶が自分であることに深い思いをはせ、自分を愛し、自分を敬うような生き方をしなければならない。

私たちが決して忘れてはならない人生の大則がここにある。

あとがき

人間学を学ぶ雑誌『致知《ちち》』は平成二十五年九月一日をもって創刊三十五周年を迎えました。私は縁《えん》あってこの雑誌に創刊から携わらせていただき、この間、各界の一流といわれる多くの方々にお目にかかり、その人生観や仕事観をお聞きする機会に恵まれました。また、人間学の教えを現代に止まらず往昔に求め、先哲の教えを誌面に紹介してまいりました。

これらの営《いとな》みを通じて強く感じ、湧《わ》き上がる感慨《かんがい》がありました。それは古今東西を問わず、その表現はさまざまでも、優れた先達はみな共通したことを述べている、ということです。

その思いを毎月の『致知』の特集テーマを概括《がいかつ》する一文に込めてまいりました。歳月を経てそれはまとまりのある量となり、『小さな人生論』と題して出版されました。同書は現在、五巻を数えております。

さて、本書はその五巻を通読した弊社の若手編集者K君の発想と要望から生まれました。

「これを読んで多くのことを教えられた。自分を含めて、こういうことを今の若い世代は知らない。この中から十篇を選んで、人生の大則として出版したい。それは必ず、人生の岐路《きろ》に立つ若者の道標《みちしるべ》になるはずです」

本書の願いはK君の言葉に尽きます。

また、いま注目の書家・金澤翔子さんより力のこもった書を寄せていただきました。息づかいの伝わってくるその筆の跡は、本書にこめた思いを余すところなく表すものとなりました。心より御礼申し上げます。

平成二十六年三月

藤尾　秀昭

【初出一覧】

第一章　絶対不変の真理　『致知』二〇〇八年六月号
第二章　大人の幸福論　『致知』二〇一二年十二月号
第三章　いまをどう生きるのか　『致知』二〇〇九年四月号
第四章　人生の秘訣　『致知』一九九七年十月号
第五章　成功者の共通点　『致知』一九九八年十月号
第六章　絶対に成功しない条件　『致知』一九九九年二月号
第七章　創業の精神　『致知』二〇〇五年二月号
第八章　上に立つ者の条件　『致知』二〇〇六年九月号
第九章　切に生きる　『致知』二〇〇七年六月号
第十章　人生の大則　『致知』二〇〇七年十月号

〈著者略歴〉

金澤翔子（かなざわ・しょうこ）
昭和60年東京生まれ。ダウン症と診断される。5歳で母に師事し書道を始める。平成17年、銀座画廊で「翔子、その書の世界」を開催。その後、建長寺、建仁寺、東大寺などで個展を開く。24年のNHK大河ドラマ「平清盛」の題字を担当。著書に『空から—書と遊び、書に笑う 金澤翔子作品集』（清流出版）などがある。

藤尾秀昭（ふじお・ひであき）
昭和53年の創刊以来、月刊誌『致知』の編集に携わる。54年に編集長に就任。平成4年に致知出版社代表取締役社長に就任。主な著書に『現代の覚者たち』『小さな人生論1〜5』『小さな修養論』『小さな経営論』『心に響く小さな5つの物語I〜II』『プロの条件』『安岡正篤 心に残る言葉』『ポケット名言集「小さな人生論」』がある。

人生の大則

平成二十六年三月十二日第一刷発行
平成二十九年五月一日第三刷発行

著者 藤尾 秀昭
発行者 藤尾 秀昭
発行所 致知出版社
〒150-0001東京都渋谷区神宮前四の二十四の九
TEL（〇三）三七九六—二一一一
印刷 ㈱ディグ 製本 難波製本
落丁・乱丁はお取替え致します。 （検印廃止）

ISBN978-4-8009-1032-5 C0095
ホームページ http://www.chichi.co.jp
Eメール books@chichi.co.jp